Preciosa

Publicado por
D'Har Services
P.O. Box 290
Yelm, Wa 98597
www.dharservices.com
info@dharservices.com
webmaster@dharservices.com
dharservices@gmail.com

Derechos de autor © 2010, 2012 José Caballero Blanco

Carátula© Xiomara García

ISBN-13:978-0-9853923-4-5

Índice

*"Un llamado de amor y compasión
para con los animales"*

PRÓLOGO

Es un regalo para mí abrir estas páginas a manera de prólogo, con palabras de admiración y respeto hacia el autor de esta bella historia "PRECIOSA".

José Caballero Blanco, escritor de mucha versatilidad, escribe cuentos, hace versos y narra parte de su difícil vida juvenil en el libro "UMAP. Una Muerte a Plazos".

Ahora nos describe una bella historia de amor entre el hombre y sus mascotas. Él nos cuenta en este libro cómo los perros son compañeros de sus hermanos de raza, se ayudan entre sí y conviven en forma pacífica.

Conocí a José Caballero en la biblioteca J.F. Kennedy de Hialeah cuando se interesó en formar parte del grupo literario que dirijo, el "Club de Literatura" y desde entonces, nuestra amistad ha crecido, lo mismo que sus dotes literarias.

La prosa de José Caballero, sus sonetos y versos deleitan cada semana en el "Club de literatura".

Cada poesía es un canto inspirado a la vida, a la mujer, al mar y a su patria.

El Cuento "Preciosa", es su tercer libro personal. Nos invita a brindar amor y cuidados a las mascotas. Él autor nos llena de calor humano en esta lectura, amena y sencilla descubrimos fácilmente que el amor reina en el hogar donde habitan estos seres tan cariñosos llamados perros y se pone de manifiesto que "el perro es el mejor amigo del hombre", leal y agradecido hasta el final de sus días.

Opino que cuando queremos y cuidamos a los animalitos estamos demostrando que somos capaces de amar desinteresadamente. Además las mascotas forman parte de la familia, alegran nuestros momentos, nos acompañan y parecen siempre niños pequeños.

Muchas personas se identificarán con los hechos narrados, momentos felices y otros de tristeza, como me sucedió cuando leí estas memorias. Encontré aquí vivencias inolvidables que son dignas de ser imitadas, un aprendizaje para aquellos que no tratan bien a sus mascotas. También es un llamado para evitar la crueldad y abuso que reciben algunos animalitos.

A los que toman a la ligera el cariño que profesan esos maravillosos amigos, este libro les invita a reflexionar sobre el amor que ellos nos prodigan.

FRANCISCA ARGÜELLES
Fundadora y Directora
Club de Literatura

ELLA

Su pelo cobrizo y su figura extremadamente flaca no me hubieran llamado la atención aquella tarde, a no ser por el grupo de compañeros de trabajo reunidos a su alrededor.

Estaba demasiado ocupado, removiendo unos tornillos partidos en el pin central de la pala mecánica de una Caterpillar modelo 988, cuyo mantenimiento era mi responsabilidad.

Sudoroso, echado de espaldas sobre el pedregoso suelo y con una antorcha de oxicorte en mi mano, trataba de calentar los restos de metal prisioneros en su jaula de rosca, poniéndolos al rojo vivo para lograr con el contraste de temperatura que se expansionaran, al enfriarse me daba la oportunidad de poderlos remover. Las risas y el griterío me hicieron mirar hacia el lugar donde provenía tal algarabía. Sólo entonces pude fijar mi atención en ella, quien era el motivo de esa estrepitosa manifestación.

Cinco de los choferes y operadores de equipos pesados, hacían exclamaciones, riendo de sus ágiles movimientos, que la incitaban cuando le lanzaban pedazos de sus respectivas meriendas sobre su cabeza.

El hambre siempre ha sido mala consejera. Era la abstinencia de alimentos lo que la hacía saltar en busca de esas dádivas, el instinto de llenar, sus casi pegadas tripas. Sus brincos la hacían elevarse más de medio metro para atrapar en el aire lo que ellos le arrojaban. Tal era su destreza «o su desesperación» que nada caía en el suelo. Había llegado a tal extremo que, entre su ombligo y su espalda solo había un enorme vacío.

Hasta ahí, todo estaba bien, pero cuando comprobé que el juego iba más allá de aquello que podía entenderse como un gesto de compasión, y vi que los restos de comida eran sustituidos por colillas de cigarros encendidas, que le quemaban la boca al atraparlos, mi cólera explotó.

Siempre he considerado que el abuso, es reflejo de la mediocridad de quien lo comete. Es la necesidad de verter frustraciones sobre alguien más débil. No importa si es contra un ser humano o un animal. Generalmente los abusadores son cobardes. Gente que, en igualdad de condiciones, nunca se les ocurre provocar la ira de los fuertes… por temor a las consecuencias….así que raudo me levanté del piso, como movido por un resorte, sin soltar la antorcha encendida de mi mano. Increpé a los desalmados, diciéndoles: Les voy a pegar esta antorcha en las nalgas a ustedes a ver si les gusta. Pronuncié mi arenga en inglés y en español, como para no dejar lugar a dudas y fuera claramente entendido. Las mangueras conectadas a los botellones de oxígeno y acetileno, eran lo suficientemente largas como para poder llegar hasta ellos y cumplir mi promesa.

No tenia que mirarme en un espejo, para saber que la figura de una persona con la cara llena de grasa y tierra, una herramienta candente en la mano y los ojos echando más llamas que la misma antorcha, eran razones suficientes para disuadirles a que me respondieran y rompiendo el grupo, como se dice en el teatro "haciendo mutis por el foro" se disgregaron todos, dejándola sola, mientras ella mitigaba las quemaduras de su boca.

Apagué la antorcha y me le acerqué. Acaricié su cabeza con mí mano, al mismo tiempo que podía ver sus costillas y los huesos de su columna vertebral queriendo salírseles por la piel. Levantó su cabeza y en ese momento pude ver unos ojos color miel que hablaban por si solos y con su dulce expresión decían "gracias", aunque no sólo por su defensa, sino por acariciar su cabeza. Quizás nunca había recibido un gesto de cariño de parte de ninguna persona.

Quienes dicen que no existe amor a primera vista, puedo tomar el reto de desmentirlos, porque cruzarnos las miradas y empezar a amarnos fue una misma cosa… entablándose de inmediato un puente de relaciones con dos vías: de ella hacia mi persona y de mí hacia ella. A partir de ese día se convirtió en una compañera inseparable en mi lugar de trabajo.

Comencé a compartir con ella mi merienda y mis caricias, que siempre iban acompañadas de palabras dulces. Ella no me dejaba sólo un momento. Si yo tenía que ir a orillas del lago donde se excavaba extrayendo rocas, para reparar algunas de las grúas ocupadas en esas labores, hasta allí llegaba ella, callada, sin hacer ningún ruido, muchas veces me sorprendió, al percatarme de su compañía a mi lado, haciendo saber con su presencia el amor que me entregaba.

Hubo ocasiones que viajó sentada en el asiento contiguo al mío en el camión, en el cual me desplazaba para hacer mis servicios, pero otras veces llegaba a mí después de haber recorrido más de dos millas para encontrar mi compañía.

Llegó a hacerse tan importante en mi vida, que sin decir nada a nadie, quería que llegara la hora de comenzar a trabajar para poder encontrarme con ella y compartir nuestros afectos.

Llenándome de valor decidí plantear la situación en el seno de mi hogar.

Cuando conversé con mi esposa sobre ella y lo que había sucedido, no le gustó mucho la idea, diciéndome ya tenemos una. ¿Qué necesidad había de buscar otra? Me advirtió sobre la difícil situación que me estaba echando a cuestas y mientras no se me ocurriese traerla a la casa todo estaría bien.

Al día siguiente, me di cuenta que mi merienda tenía mucha más comida que de costumbre. Mi esposa hacia galas de su bondad y me ponía en las vasijas comida suficiente como para que pudiera compartirla con ella, sin importarle que ahora mis caricias no eran sólo propiedad exclusiva de mis hijas y de ella, sino también de alguien con quien en mi trabajo, compartía varias horas diarias junto a mí.

Pasaron dos semanas y resultó que ella se convirtió en el centro de las conversaciones en mi casa. Hasta mis hijas y sobrinas intercedían con mi esposa, para que le diese cabida en nuestro hogar, pero mi señora se mantuvo renuente como desde un principio.

Compartíamos la casa, mi esposa, mis dos hijas y la perra Blackie; quien como es costumbre en este país no solo tenía nombre sino también llevaba el apellido familiar. El ataque realizado contra la oposición de mí conyugué era tal y le llegaba por tantos flancos que su resistencia comenzó a debilitarse poco a poco; logrando al fin que mi esposa accediese diciendo: Está bien, tráela, a ver cómo nos llevamos con ella.

Esa madrugada, al finalizar mi jornada laboral, la tomé en brazos y sentándola a mí lado emprendí el camino hacia mi casa en su grata compañía.

Estaba rebosante de alegría y a la vez un poquito preocupado, pensando en cómo sería su recibimiento. Especialmente el que le darían mi esposa y Blackie. Esperaba con todo mi corazón que ella no me hiciera quedar mal con las dos, y mostrará una actitud equivocada frente a la prueba de fuego a que sería sometida por ambas. Con mis hijas no sentía angustia, pues daba por hecho que ellas la aceptarían con muestras de cariño.

Tenía la seguridad que uno de las primeras cosas que debía aceptar para ganarse el favor de mi señora, era tomar un baño; la ausencia total de pulcritud era marcada en ella y conociendo a la jefa de la casa, sabía que esa sería su principal exigencia. El abandono a que fue expuesta y el andar vagando por las calles tratando de subsistir, habían dejado huellas sobre su piel e hirsutos pelos.

Al llegar a la casa, estacioné el vehículo, se bajó, no sin cierta duda. Era lógico, estaba en terreno desconocido. Al abrir la puerta de la casa, pudo más su amor a mí que el temor y penetró en nuestro hogar.

Blackie fue quien primero la recibió en actitud casi retadora. Tenía la confianza que le daba el haber estado conviviendo con nosotros por más de ocho años. Comenzó a olerla por todos lados. «Siempre me preocupó este primer encuentro, pues no es fácil aceptar a una desconocida». Ella aguantó estoica el reconocimiento hasta el final, sabía que era parte de un proceso natural entre desconocidas. Mis niñas estaban aún dormidas, así que cuando despertaran y antes de partir para la escuela, la conocerían.

Cuando Blackie se retiró al quedar complacida su curiosidad, mi esposa se acercó. Sólo dijo dos palabras: ¡Que flaca! Quedé atónito con esa expresión, no siendo esa la reacción que yo esperaba, pero a continuación y tomando la iniciativa, di el paso definitivo y la presenté: Aquí tienes a la nueva miembro de la familia: "Preciosa".

Preciosa, con gesto agradecido, posó su noble mirada en mí, y después en mí esposa. Luego, inquisitiva y expectante comenzó a mover su pequeña cola, alzó su largo hocico... como queriendo saber de inmediato. ¿Entonces qué, se quedarán conmigo?

PRECIOSA

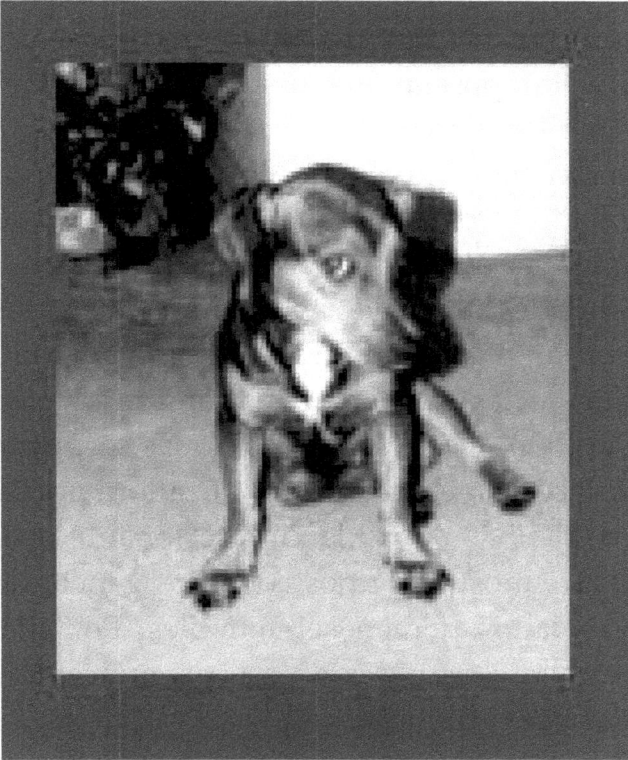

Las pulgas y la tierra de las canteras que transportaba en su flácido cuerpo quedaron atrás, después de pasar por el baño obligatorio. Ahora lucia más presentable. Al despertar mis hijas y ver la nueva perra en la casa fue tal como yo había imaginado, quedaron encantadas con ella y con los lengüetazos que repartía a diestra y siniestra sobre sus caras y manos, demostraba su alegría ante tan caluroso recibimiento. Ese animalito poseía una disposición especial para tratar a los niños.

Preciosa tenía mucho de la raza Terry, de tamaño mediano, robusta, en sus mejores tiempos llegaría a pesar como 30 libras. Muy cerca de los Everglades de La Florida en la cantera donde la encontré, había aprendido a luchar contra las inclemencias del tiempo, el hambre y defenderse de los animales salvajes, como las serpientes que pululaban en ese territorio. Cazadora por instinto y con una mordida impresionante para su tamaño, mostraba unos colmillos ganchudos que bien usados podían ser temibles. Por suerte, el tiempo que estuvo con nosotros nunca agredió a ningún ser humano.

Desde que llegó a casa no tuvo problemas con Blackie, la perra negra mezcla de puddle y salchicha, que le habíamos regalado hacia ocho años a nuestra hija mayor, como presente de cumpleaños. Preciosa le reconoció desde el primer día a Blackie el derecho de antigüedad y le respetó su condición primaria, algo que los humanos debiéramos aprender de los animales. Quienes luchamos por posiciones y plazas que a veces ni merecemos, usando métodos que muchas veces no son los más apropiados y poco nos falta para atacarnos y mordernos.

Preciosa siempre la dejaba comer primero y en ningún momento invadió la vasija designada a su comida, ni su lugar predilecto para descansar; podría decirse que tenían firmado un pacto de no agresión y mutuo respeto.

De rabo corto, veloz y ágil como un relámpago, convirtió desde su arribo nuestro patio en su dominio, saltando cercas y teniendo cuidado que algún extraño a la casa, osara incursionar en su territorio.

Blackie era una invitada de cortesía en el, lo podía usar como sanitario y dar sus paseos. Con el tiempo Blackie y Preciosa llegaron a ser inseparables, dándonos lecciones de convivencia, en la que cada cual conservó su peculiar carácter. La negra no sé si por ser ya vieja o por su forma lenta y pausada, la otra por sus vigorosos reflejos, se soportaban y a su vez, se cuidaban mutuamente como buenas hermanas.

Su pelo duro y rebelde, señal evidente de hambre y desnutrición en los perros, a medida que se llenaban sus carnes, también comenzó a ponerse lustroso, con el tratamiento que comenzó por su estómago y con la ayuda de baños, lograron en poco tiempo convertirla en un animal irreconocible, para quienes la habían visto en su lugar de origen. Comenzó a hacer honor a su nombre.

Llevaba en casa como un mes, se recuperaba, sus costillas y columna vertebral empezaban a ponerse lisas ya no se le veían. Una tarde mi señora me hizo una observación. ¡Esta perra está preñada, tiene las tetas muy paradas! Quedé en una pieza ante tal afirmación, no esperaba haber traído un premio de semejante envergadura. Quitándole importancia a lo dicho por mi esposa, después de haberla palpado en su barriga dije: No le noto ninguna anormalidad en su bajo vientre, debe ser… que te equivocaste… al ver como engorda.

No habían pasado veinte días desde la anterior conversación, cuando Preciosa, quien normalmente dormía dentro de la casa, cerca de la puerta que daba al patio, se acercó llorando a la cama donde yacía acostada mi esposa y con su hocico húmedo le tocaba la mano.

Yo nunca había tenido perros en mi casa paterna «Después de una amarga experiencia en casa de mis abuelos, mi padre nunca nos había permitido tener animales», en cambio Gricel desde pequeña había crecido con mascotas, se percató que algo pasaba con el animal, ya que buscaba su ayuda. Presta se levantó y encontró la sorpresa ¡Preciosa había parido su primer cachorro sobre el sofá de la sala!, eso fue sólo el principio de una larga noche de paritorio.

Yo trabajaba en el turno de madrugada, es decir que sólo dormía en casa las noches de sábados y domingos, al llegar a la casa a las 6.30 a.m. me encontré con un panorama no esperado, cuatro perritos nacidos, mi esposa de partera y mis dos niñas sorprendidas frente a un espectáculo novedoso y a la vez maravilloso para ellas, quienes con ojos que se le querían salir de órbitas, estaban descubriendo la maravilla que significa el milagro de nacer.

Seguían arribando cachorros, cuando ya iba la cuenta por ocho, Preciosa no tenía fuerzas para rasgar el zurrón o membrana en la cual nacen envueltos los perros, teniendo mi señora que removerla con su uña para que pudieran a medida que nacían respirar.

Buscar una caja de cartón, ponerle una toalla vieja adentro y colocar la camada en ella, fue mi primera función como comadrón, pensando que la cantidad alcanzada eran más que suficiente. "Gran error". Faltaban dos más. En menos de un mes éramos dueños de doce perros, Blackie, Preciosa y los diez recién nacidos.

Podrán imaginarse la monserga: Te lo dije, que estaba preñada. ¿Qué vamos a hacer con tantos perros?

Los animales tienen su carácter propio, como lo tienen los seres humanos y al igual que ellos generalmente los que son agresivos vienen de casas disfuncionales o son entrenados para estimularles la agresividad.

Llevando tan poco tiempo en nuestra casa, esta perra aún sufriendo dolores de parto, sabía de quien podía recibir ayuda y ni siquiera gruñó mientras duró el proceso de alumbramiento, solo daba miradas agradecidas mientras le acariciábamos la cabeza. Podíamos mover los perritos a nuestro antojo, nunca puso reparo en ello. Pobres seres humanos que usualmente muerden la mano que los ayuda.

Al terminar de parir estaba en extremo débil, le dimos de comer y mucha agua. Colocamos la caja de cartón donde cabía ella con toda su camada debajo de la mesa de la cocina, dejándola tranquila para que los alimentara.

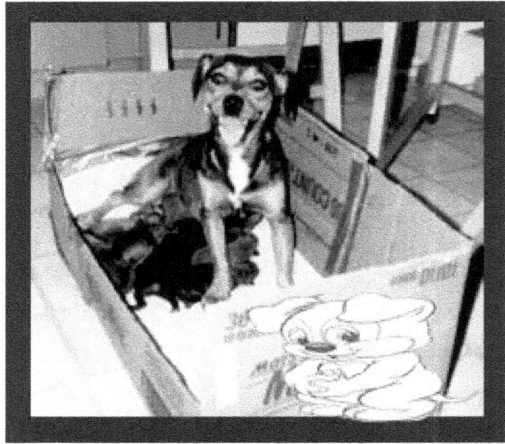

Dándonos cuenta a las pocas horas que no producía la suficiente cantidad de leche, como para suplir la demanda de tantas bocas hambrientas, pues la numerosa prole reclamaba con un coro de pequeños gruñidos y llanto su ración. Es maravilloso el instinto de esas minúsculas criaturas, no veían, pero sabían dónde estaba la fuente donde podían obtener su alimento. Algo teníamos que hacer al respecto, no podíamos dejar morir de hambre a los perritos, pero la leche apropiada para estos casos, que está disponible en los veterinarios resulta muy cara y sobre todo para tantos cachorros.

La solución surgió a través de una amiga de mi esposa, que había tenido un caso similar, quien a través del teléfono nos orientó como solucionar la situación. Leche descremada al 1% y avena bien licuada, "Remedio Santo", con unos pequeños biberones todos en la familia hicimos de madres sustitutas. Después de ese día y durante un mes, mi función apenas llegaba del trabajo era la de repartir biberones, ya que a otras horas lo hacían: mis niñas cuando llegaban de la escuela o mi señora al llegar de su trabajo, rotábamos la labor de nodrizas.

Tan bien les fue con esa alimentación, que todos se pusieron hermosos y a los 35 días de nacidos no quedaba ninguno en la casa, los descendientes de Preciosa fueron regalados a personas que sabíamos los iban a cuidar con esmero, los cuales a la hora de recoger el regalo se le agregaba un biberón y un papel con las instrucciones de cómo preparar la fórmula mágica.

La única vez que Preciosa le gruñó a Blakie en todo el tiempo que vivieron juntas, fue el día en que parió, cuando Blackie quiso entrar a la cocina para investigar lo que estaba pasando, como dicen: a un buen entendedor pocas palabras bastan, eso fue suficiente para, que, durante el tiempo en que la camada estuvo en la cocina, la negra no se asomara. Evitando un segundo aviso.

A los dos meses de haber parido, Preciosa ya estaba operada. Fue bonita la experiencia que vivimos, pero no queríamos repetirla. Colocar los perritos con alguien que los quisiera, cuidarlos, pues como traviesos hicieron de las suyas, sobre todo cuando uno se metió detrás del refrigerador y al no poder salir aullaba solicitando ayuda, volviéndonos locos al desconocer de dónde salía el pedido de auxilio. Para saber lo que es tener mascotas, opino que con dos es más que suficiente.

DE VAGABUNDA A PRINCESA

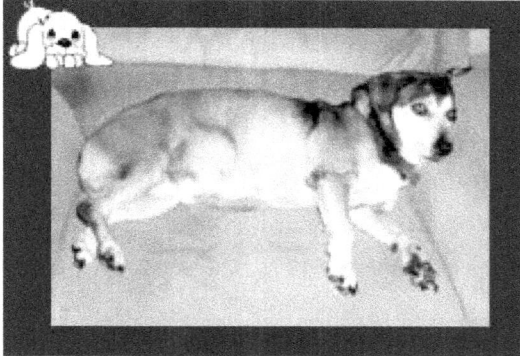

La vida de Preciosa llegó a ser como la del cuento de "La Cenicienta", de muerta de hambre a un reinado compartido con Blakie, en el castillo encantado que represento mi hogar.

No dejó de darnos algunos sustos, aprovechando la mínima oportunidad al ver una puerta abierta o a través de huecos que excavaba por debajo de la cerca «Parecía que traía consigo el oficio de excavadora» y lanzarse a la exploración del vecindario. Suerte que su sentido de orientación la hacía retornar a la casa después de deambular por el parque cercano y no extender su paseo por más de dos cuadras a la redonda. A los gritos de mis hijas y mi esposa de: "Preciosa se escapó", era una movilización general para encontrarla y evitar que pudiese ser arrollada por algún carro.

Tenía un sexto sentido, que le hacía percatarse cuando la montaba en mi vehículo para dar un paseo o cuando era un viaje al veterinario; éste último la ponía a temblar, no porque se portara mal en su consulta, pero creo que como la mayoría de los seres vivos, le tenía pavor a las inyecciones. Sin embargo disfrutaba de los baños de tal manera, que cuando me observaba con la manguera de agua y la botella de su champú en mis manos, se ponía a dar vueltas a mí alrededor. Había que dejarla secarse al sol, pues al tener el pelo tan corto resultaba difícil el hacerlo con toallas.

Por largo rato mientras Preciosa se ajustaba a vivir entre nosotros, cada vez que alguien de la casa levantaba la mano con cualquier gesto casual, ya sea para peinarse o alcanzar algo colocado en algún sitio alto, cómo reacción aprendida en su corta vida de animal abusado, se agachaba temerosa y se le salían gotas de orine.

Siempre Preciosa avisaba cuando tenía que salir al patio, arañando la puerta de cristales con sus uñas o ladrando. Si por algún motivo nos retrasábamos en notar su urgencia se volvía como loca dando vueltas frente a la salida.

En el momento que le dábamos acceso a su local sanitario, salía como cohete, mostrando a su retorno cara de felicidad y complacencia. Es comprensible, porque como humanos. ¿Quién no se ha visto en los mismos apuros, en alguna ocasión? Me imagino que nuestra cara seria similar a la de mi perrita.

Lo mismo sucedía si mi esposa tomaba la escoba para barrer algo del piso estando ella cerca, buscaba la manera de escabullirse fuera del alcance de este útil instrumento doméstico; que al parecer alguna vez fue utilizado en su contra.

Esa normal reacción no sólo se desarrolla en los animales, lo he visto también en los niños que son víctimas de abusos, quienes al ver una mano que se desplaza hacia ellos con la intención de acariciarlos, confunden el gesto y se cubren tratando de evitar los golpes, como normal reflejo. Las hienas son capaces de morir defendiendo su descendencia, sólo los que alardeamos de ser entes inteligentes somos capaces de maltratar a nuestros propios hijos.

Preciosa sabía dar amistad por naturaleza propia, transmitía con sólo verla, afabilidad y confianza.

Hacer una amistad es fácil, conservarla para siempre es un arte muy difícil de aprender, sólo logrado por aquellos para los que sus amigos son, la familia que ellos escogieron.

Tenía como todos los perros terror a los grandes ruidos, como explosiones y truenos. Eso es comprensible, a consecuencia que su sentido auditivo es extremadamente sensible. Los perros que usan en los campos de batalla para distintas faenas militares; patrullaje, detección de minas, etc. Son perros debidamente seleccionados y entrenados, de los cuales entre miles de aspirantes, sólo muy pocos logran un puesto al acondicionarse a las exigencias de esa labor.

Preciosa en cada ocasión que tronaba había que ir a buscarla bajo de la cama y los días de la celebración de independencia o fin de año, cuando se usaban fuegos artificiales. Sabíamos donde podíamos encontrarla. Siempre me había cuestionado como en la cantera donde había trabajado, donde se realizaban explosiones entre 60 y 100 tiros «Cada tiro consistía en una perforación de sesenta pies de profundidad, llena de una substancia explosiva, que al detonarse fracciona la piedra para facilitar ser extraída» siempre habían perros alrededor de la perforadora, mientras estuviera abriendo los huecos, pero cuando la retiraban del lugar y entraban en función los artilleros , que es el nombre que reciben las personas encargadas de manipular los explosivos y hacerlos estallar, no se podía encontrar algún perro en toda la cantera. Sabían sin que nadie les avisara cuando se produciría la detonación, su instinto les alertaba.

Su celo de guardián era tal, que la ponía en peligro, teniendo en varias ocasiones que lavarle la boca urgentemente, haciendo correr el agua en abundancia, para evitar que se envenenara porque había atrapado algún sapo.

En La Florida fueron introducidos hace años unos enormes sapos para combatir la plaga de una clase de insectos que ataca la caña de azúcar, A su vez los sapos producen un veneno fortísimo como medida de defensa, así que no son pocos los perros y muchas aves, que han pagado con su vida el haber estado en contacto con ellos.

En los últimos años ese mismo problema también lo confrontan en Australia, donde aún las serpientes más venenosas de ese país son víctimas de esos sapos llamados Bufos.

Esos son los errores que cometemos los hombres "inteligentes", al querer ubicar especies no autóctonas en lugares donde la naturaleza no las ha puesto, resultando en la mayoría de los casos peor el remedio que la enfermedad.

No sé si pasará con otras mascotas, pero los perros seleccionan su dueño. Puedes invertir una millonada comprando el animal más caro del mundo, pero al llevarlo a casa quizás no seas tú, la persona a quien reconozca como "SU" dueño. En ese sentido tuve suerte, Preciosa no sólo al único de la casa que le hacía caso era a mí, sino que no me dejaba ni a sol ni a sombra reconociéndome como amo.

Podía estar todas las horas de mi ausencia ocupada recorriendo el patio, o echada aprovechando el fresco del piso o jugando con mis hijas, pero antes de que yo colocara la llave en la puerta de la casa, adivinaba mi llegada, convirtiendo su completa atención en buscar mi compañía.

La palabra "NO" es la primera que se le debe enseñar a reconocer a un perro, siempre manteniendo el contacto visual con su mirada, para lograr algún grado de obediencia.

Después de tener por muchos años a estas amorosas compañeras y observar en la televisión programas, en los que expertos entrenadores caninos muestran sus técnicas, creo que no están descaminados mis procedimientos.

Muchas veces me he preguntado algo, que para algunos resultará una tontería. ¿Somos nosotros los amos de los perros o quizás los perros llegan a convertirnos en sus mascotas? Llegando los seres humanos a hacer su voluntad cuando nos piden jugar, solicitan su alimento y se colocan debajo de nuestras manos para que los acariciemos.

Son expertos en adivinar lo que pasa por nuestra mente aún antes de emprender la acción. Hay un refrán que dice: Si quieres tener trabajo que te dure de por vida, acaricia un perro y nunca más estarás aburrido.

Puedes estar todo el día pasándole por el lado al lugar donde cuelgan sus correas y arneses que ellos ni se inmutarán, permanecen echados plácidamente. Pero si mencionas la palabra "salir" o simplemente te pasa por la mente el sacarlas a caminar, pareciera que tuvieran un poder extrasensorial que adivinan tus intenciones. Saltando y ladrando alrededor de sus arreos, queriendo cada una ser la primera en ser atada, para casi arrancarnos los brazos en su loco afán de salir a marcar con su orina lugares específicos de nuestra barriada.

Siempre me sorprendía la cantidad de perros con el nombre de Leal, mis perras llegaron a enseñarme con el tiempo, el por qué de ese nombre tan repetido. Los perros tienen sentido de "pack" o manada , en la cual sus amos ocupan el puesto de jefe dominante y ellos como parte de esa agrupación, conforman el grupo que siguen las órdenes y apoyan a su guía, de ahí su fidelidad. Así que sin darme cuenta me convertí junto con mi esposa en la pareja ALFA de nuestra manada, teniendo en cuenta todo lo que ellos dependían de nosotros y a su vez lo que ellos serían capaces de hacer por nuestro cuidado y cariño. Puede llamarle, una perfecta simbiosis.

El perro fue el primer animal domesticado. Muestras hay en las pinturas rupestres de su compañía junto al hombre, desde la época más remota de la humanidad. Fue su primer ayudante y compartió su compañía junto al fuego, hasta que se creó este lazo indisoluble que ha permanecido por miles de años. El hombre se ha valido del animal, confiando en él para todas las cosas más importantes, no en balde, el primer ser vivo que ascendió al espacio en una nave espacial fue la perra Laika.

Entre la Blackie y Preciosa llegó a haber una relación inseparable, en la que al enfermar la negra, Preciosa se convirtió en su guardián o en su dama de compañía, era quien estaba al tanto de todas sus necesidades, como quedó demostrado en el incidente que narro a continuación.

La artritis había hecho mella en la salud de Blackie y en ocasiones sus patas traseras se abrían sin que pudiera pararse de nuevo y colocarse en cuatro patas, impidiéndole caminar, cuando eso sucedía llegaba hasta orinarse sin que pudiera hacer nada para remediar tan incómoda postura. Ahí es donde entraba a jugar su papel Preciosa.

Estaba mi esposa parada frente al fregadero lavando la loza de la comida, cuando le llamó la atención la insistencia con que Preciosa ladraba desde la puerta de la cocina, cosa inusual en ella generalmente callada, las veces que lo hacía era para avisar de algo anormal «alguna persona extraña u animal invadía sus dominios». En este caso, ladraba y a su vez hacia movimientos como de ir en dirección a los cuartos, al ver que nadie la seguía, retornaba a la entrada de la cocina y volvía a llamar la atención, cosa que hizo por más de cuatro ocasiones, hasta que Gricel se decidió a seguirla.

Cuando Preciosa entendió que era atendido su reclamo, fue directo hacia el cuarto donde yacía Blackie con sus patas abiertas, sin poderse levantar, cuando llegaron donde estaba, Preciosa se sentó ladrando al lado de la negra, hasta que mi esposa la levantó del piso dejándola parada sobre sus cuatro patas, para comenzar a caminar por sus medios. Sólo cuando la vio andando, Preciosa dejo de ladrar. Este hecho, no es sólo el natural instinto, es una predisposición de algunos perros para dar un cuidado especial.

Tampoco todos los perros sirven como lazarillos o perros guías de los invidentes, ni todos reaccionan para cumplir los trabajos de ayudante de las personas discapacitadas. Preciosa si lo tenía, dándonos una lección de solidaridad con el desvalido, digna de imitar.

Esa actitud la mantuvo durante toda la enfermedad de la negra, avisándonos cada vez que la veía imposibilitada de actuar, hasta que debido a lo grave de su enfermedad y para no verla sufrir más, el veterinario nos recomendó la eutanasia, tuvimos que decidir por su vida.

EUTANASIA

La eutanasia es la acción de terminar con la vida de un ser vivo, evitándole sufrimientos, ante el hecho de un mal incurable o heridas de la que no se pueden recuperar; con ello, se evita extender sus sufrimientos. Hay muy pocos países que ya han implementado esa medida en los seres humanos, pasando esa responsabilidad a sus seres allegados o bajo testamento legal solicitado por el mismo enfermo. Yo me opongo a eso, pues la maldad es tanta en la humanidad, que por motivos meramente económicos o para eximirse de responsabilidades, personas sin escrúpulos pueden utilizar esa medida, disponiendo de seres que pudieran resultar obstáculos para lograr sus propósitos; sin encontrarse plenamente en una fase terminal.

En los animales esa decisión está en manos de sus dueños. Con los animales, tenemos la facultad y responsabilidad de evitarles sufrimientos, según sea el caso extremo de enfermedad que atenta contra la calidad de vida de nuestras mascotas.

No tengo que decir la conmoción que causó en casa la idea de poner a "dormir" a la Blackie, es la manera diplomática con que se le llama comúnmente a esa medida tan drástica, porque antes de ponerle la inyección que paraliza el musculo cardiaco, se le pone otra que la adormece.

La sugerencia brindada por la doctora, la recibimos con mucha pesadumbre. Luego en reunión familiar analizamos las opciones positivas y negativas que teníamos. En verdad Blackie ya no podía recuperarse. Se habían probado todos los tratamientos recomendados, desde pastillas, inyecciones de esteroides, hasta remedios caseros recomendados por personas que escuchaba hablar del tema. Siendo el resultado un alivio temporal, hasta que se presentaba una nueva crisis, agravándose la situación con cada una de ellas.

Llegó el momento que no podía controlar su esfínter, siendo una preocupación cuando teníamos que salir y dejarlas solas. En ocasiones al retornar nos encontrábamos a Blacky echada sobre un charco de orine y a la Preciosa a su lado lamiéndole el hocico, consolándola hasta que nosotros regresábamos.

Era una escena deprimente, ver como al quién que era parte de nuestra familia, se le apagaba su vida día tras día. A la vez, era determinar sobre la vida de aquella amiga que había estado tantos años con nosotros, alegrándonos momentos. Nos parecía una traición, pagar con una condena a muerte, una relación como la que tuvimos siempre con ella, cimentada en amor y fidelidad. Enfrentados ante esta disyuntiva, venían a nuestra mente las imágenes de cómo había llegado a nosotros.

Recordamos el momento en que mi padre y yo fuimos a buscarla al albergue de perros abandonados, siendo una sorpresa que queríamos brindarle a Elizabeth en su octavo cumpleaños.
Dentro de una jaula una madre y su camada esperaban por alguien que los adoptara. Al llegar a su lado se destacó una bolita de pelo negro que

parándose en dos patas por entre los alambres de la jaula, llamó nuestra atención, como diciéndonos: Yo soy, la que buscan.

Nunca olvidaré la cara de Elizabeth y Judith, a su salida de la escuela siempre las llevábamos para el apartamento donde residían mis padres. En esta ocasión había algo inesperado que las dejó impactadas. Una motica negra con un lazo rojo al cuello, corriendo por el piso de blanca cerámica, las hizo saltar entre gritos de alegría y sorpresa. Cuando lograron calmarse, allí mismo Ely la bautizó con su nombre, Blackie.
Fue nuestra única mascota por ocho años, hasta que Preciosa vino a hacerle compañía. Resultando ser un poco de todo, animal de compañía, amiga y sobre todo quien sabía demostrar paciencia y nobleza ante el trato dado por dos niñas que compartían sus juegos con ella, y la trataban como si fuera un juguete más. Ely tenía el hábito de cargar con ella sujetándola a su cintura, que aún, cuando ambas crecieron, mi hija mantuvo la misma costumbre.

Su apariencia era larga, con patas cortas, orejas grandes, pelo lanudo ensortijado, solía brincar y subirse en el sofá para echarse a nuestro lado buscando que le pasáramos la mano por sobre su lomo. Nunca protestó, ni hizo un ademán brusco, ni hizo ningún intento por morder; aunque los juegos excedieran su límite. Por ejemplo cuando Judy en sus juegos infantiles, le ponía sus pies sobre las orejas sin dejarle levantar la cabeza, hasta que ella le pedía con un lastimero quejido su liberación, gustaba encaramarse sobre el respaldar del sofá que daba a un amplio ventanal, para observar todo movimiento en el estacionamiento o en la calle aledaña, allí en ocasiones se quedaba dormida.

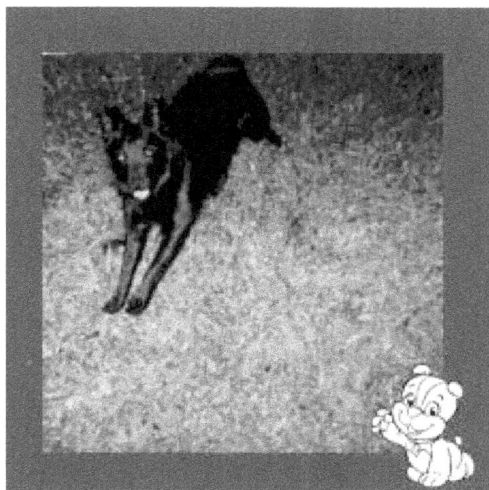

Tenía una especial atracción por los niños, tan era así, que el pequeño hijo de un compañero laboral, que nos visitaba en algunas ocasiones, le quitaba sus galleticas para perros y se las comía él, trayéndole ella otras y poniéndolas a su alcance cuando desaparecían en su boca.

Enemiga incansable de la aspiradora hogareña, a la cual le ladraba antes de que fuera puesta a funcionar. Gricel nada más abrir la puerta donde estaba guardada y automáticamente comenzaba la batalla, era un antagonismo constante, donde no se sabía quién producía más ruido si, Blackie o el motor eléctrico del instrumento de limpieza.
Venían a mi mente sus travesuras: como cuando de cachorra se colgaba con sus dientes de la bata de casa de mi esposa, siendo arrastrada por toda la casa sin soltarse.

Cuando mis hijas se quedaban en casa de sus abuelos, dejándola sola. Blackie manifestaba su inconformidad entrando en su cuarto y rompiendo alguno de sus peluches, por lo que cuando estaban ellas ausentes teníamos que cerrar el cuarto para evitar que esto ocurriese.

Hechos propios de su inmadurez que fueron desapareciendo al paso del tiempo.

Eran casi diez y siete años en que disfrutamos de su compañía y ahora había que tomar la decisión, determinando su suerte. Nos sentamos tristemente alrededor de la mesa del comedor y tomamos la determinación nada fácil, que en su próxima crisis sería la última vez que visitaría al veterinario. Nuestras hijas sabían la gravedad de ese paso. Ely, la que nominalmente era su dueña y que Blackie reconocía como tal; con sus ojos llorosos asintió, todos estábamos consientes que no se podía alargar más su padecimiento. A todos se nos hizo un nudo en la garganta y cuando nos levantamos cada cual se dirigió a algún lugar de la casa donde pudimos verter las lágrimas que conllevó tomar esta triste resolución. La mirada que nos otorgan antes de quedarse dormidos, no se olvida.

Precisamente en ese tiempo sufrí un infarto cardíaco, el cual rebasé satisfactoriamente, quedándome una insuficiencia coronaria, que me envió en varias ocasiones al hospital con dolores en el pecho. En uno de esos momentos, estando yo ingresado, se presentó el momento decisivo en la vida de Blackie. Al no poderse levantar y gemir de los dolores, mi esposa tuvo que llevarla cargada en brazos a la veterinaria que siempre la atendió. Dolorosa misión la que le correspondió a mi esposa, pues la que era su dueña, Elizabeth, estaba de viaje en Saltsburgo Austria, en un festival que se ofrece anualmente en honor a Wolfang Amadeus Mozart, ilustre compositor que nació en esa villa. Ella asistía a esa competencia, como parte de sus estudios Universitarios, regresando con el premio en su categoría, pero perdiéndose de estar con su amiga en sus momentos finales. Creo que si hubiera podido escoger donde estar, por muy triste que fuera, habría estado junto a su amiga.

Mi señora se apareció en el hospital y se paró al lado de mi cama con sus ojos aguados. Al preguntarle preocupado: ¿Qué pasa? Entre sollozos y frases entrecortadas, me relató cómo la doctora había ratificado que no quedaba otra opción y que entre el llanto de ella y el de la Dra. «Quien por estar habituada a estos menesteres, no deja de entender el apego que se logra entre las mascotas y dueños» procedió a ponerle una inyección en su vena, que terminó con sus sufrimientos. Suavemente se quedó dormida, en ese sueño eterno del cual no volvería a despertar. Donde la artritis generalizada, no la despertaría en la madrugada con sus dolores.

Hasta su último suspiro tuvo la mano de mi esposa acariciándole su cabeza, testimoniándole con ese gesto, nuestro amor y agradecimiento por todos los años de compañía y su fidelidad, ya que las palabras no salían de su boca.

Sujeté esa mano que había estado acariciando a la Blackie y juntos nos echamos a llorar. Gricel me decía: "Es un animal, pero era parte de nuestra familia". Mientras me mostraba su collar, la chapa con su nombre y su placa que como certificado de vacunación siempre había estado en su cuello.

Al momento de comunicarle a Elizabeth los hechos acaecidos con su perra, podíamos sentir su llanto a través del teléfono, tanto fue así, que la señora a cargo de su atención en Austria, se asustó al ver su angustia. No era para menos había dejado de existir, su "Blackie".

Así dijimos adiós a nuestra negra amiga. Si alguno piensa que somos unos tontos sentimentales, no me importa. Sé que hay muchos que nos comprenden y que han llorado la ausencia de una amiga de cuatro patas.

PRECIOSA AHORA SOLA

Esa tarde cuando Gricel regresó a la casa sola, Preciosa no salía de su lado, como queriendo indagar por el paradero, de quien hasta ese día, había sido su compañera inseparable en nuestra casa. A partir de ese momento, apenas se abría la puerta de la calle, en que ella buscara para saber si la Blackie había regresado. Si se abría la gaveta donde se había guardado el collar de nuestra ausente amiga, en espera de entregárselo a

Elizabeth cuando volviera de su viaje, no se movía de su lado hasta que no se volvía a cerrar.

Si alguien había cumplido cabalmente su función como fiel amiga y enfermera había sido Preciosa. Con un respeto y una devoción que podría marcar pautas a seguir entre los humanos. Nunca comió hasta después que la negra hubiera comido, si coincidían a tomar agua de la misma vasija, le cedía el paso para que tomara agua primero. Caminaba delante de ella guiándole el camino, porque al final de su tiempo, las cataratas le habían robado parte de la visión, le marcaba los obstáculos y al llegar a donde se dirigían, dejaba que Blackie escogiera el lugar donde echarse y entonces, después, ella se acomodaba en un sitio no muy alejado, estando siempre pendiente a lo que pudiera necesitar la otra.

No me extrañaría que alguien que pueda leer lo aquí escrito, haga un juicio a la ligera y pudiera tildarme de exagerado o ir al extremo de llamarme mentiroso. No importa, porque sé que por uno que pudiera pensar de esa forma, hay innumerables personas que tienen muchos testimonios, aun más maravillosos que contar de sus perros, a los que yo estoy relatando en estas páginas.

Podemos aprender cada momento de ellos algo que el hombre está llegando a perder cada día a pasos agigantados. El sentido de fidelidad.

Quiero decirles que nunca dejan de sorprenderme los animales y sobre todo los perros, aparte de tener algunos de sus sentidos más desarrollados que los seres humanos; como el del olfato o el auditivo, tienen una capacidad para saber aún las actitudes de las personas, aquello que podríamos llamar, un sexto sentido.

Hay un viejo refrán entre los campesinos de mi país que dice: "Al que el perro no se le pega, no te le arrimes tú tampoco". Dando a entender que identifican las intenciones ocultas. Y que conste, tenemos mucho que aprender de la sabiduría guajira.

No dejo que reconocer que hay perros agresivos, como también hay personas que lo son, pero en muchos casos son los mismos seres humanos los que provocamos esas agresiones. Yo antes que condenar a un perro y castigarlo con la muerte por morder a alguien, analizaría el comportamiento del individuo que provocó la agresión. La cual puede haber sido causada por invadir irresponsablemente los predios que el animal considera su territorio. Y la falta de respeto a la responsabilidad de salvaguardar sus dueños y su propiedad.

La persona que manifiesta miedo, activa una sustancia en su organismo, que al expelerse por los poros de su piel es percibida por el fino sentido del olfato de los animales. Por eso decimos que los caballos saben quienes le tienen miedo al montarlos, los perros notan quien teme acercársele y los osos quienes tienen veinticinco veces más desarrollado el sentido olfativo que los perros, ni que decir.

Nos habíamos percatado en nuestra casa, que cada vez que alguien de la familia estaba enfermo, con gripe o indisposición que lo hacía guardar cama, Preciosa no se movía del lado de aquel que estuviera en reposo y si se levantaba para ir al baño, lo acompañaba y lo esperaba en la puerta hasta que saliera. Así, hasta que estuviera recuperado, volviendo ella a su rutina habitual.

Al regresar del hospital ella se convirtió en mi solícita acompañante. Si siempre me había demostrado que yo era su amo, en estos momentos me lo ratificaba con creces, pues no se separaba de mi lado. Si mi mano colgaba al lado de la cama venia a lamerla, como su caricia manifiesta.

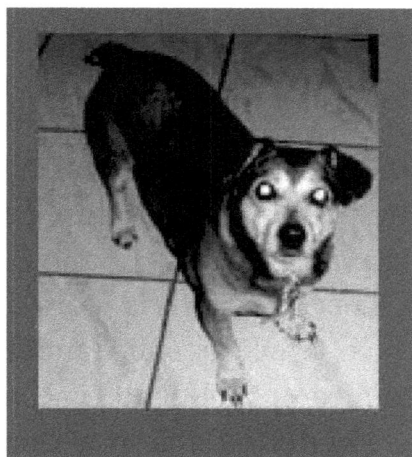

Hay personas que se asquean al ver un perro lamer la cara del amo. Quiero darles una noticia: La boca de los perros contiene menos bacterias que la boca de otros animales. Por ejemplo la boca del Dragón de Cómodo está tan llena de bacterias, que su mordida sin ser venenosa, inocula tal contaminación de gérmenes, que sus víctimas mueren a los pocos días por la infección como consecuencia de su mordedura. La otra boca que le sigue en el orden de población de bacterias es la que besamos sin miramientos, la de los seres humanos.

En la antigüedad se le atribuían propiedades curativas a la saliva de los perros, de ahí la famosa parábola de Jesús, donde los perros lamían las llagas del pobre Lázaro, quien se alimentaba de las migajas que caían de la mesa del rico.

Preciosa al no tener competencia se hizo más demandante de caricias, pues cuando estaba cerca de alguna de nuestras manos, con su hocico húmedo nos hacia levantarla, para después poner su cabeza bajo la mano, solicitándonos la caricia, como quien dice, casi obligatoria.

Durante este periodo de tiempo donde estuvo de reina absoluta, acostumbraba a echarse a nuestro lado en el lugar donde estuviéramos sentados, para recostarse a nuestra pierna y sentir el calor de nuestra piel.

Podíamos estar comiendo, nunca nos importunó ladrando, para solicitar los manjares que estuvieran servidos a la mesa. Siendo un animal que fue acosado por el hambre, sabía esperar a que se le sirviera su comida y jamás se mostró agresiva si se le retiraba ésta, aunque estuviera hambrienta.

Algo curioso sucedió cuando volvimos a casa sin Blackie, fue que Preciosa la buscaba en cada uno de los acostumbrados lugares donde la negra acostumbraba a reposar, percibía su olor como si quisiera seguir la huella y poder encontrarla, eso sucedió por espacio de casi dos meses, hasta que llegó a darse por vencida que no volvería a ver a su amiga.

La que otrora chapoteara fango y agua en los terrenos de mi centro laboral, llegó a rehusar salir al patio cuando la hierba estaba húmeda en las mañanas o después de cualquier lluvia. También aquel animal que saltaba para obtener en el aire cualquier alimento que se le lanzara, llego á hacerse selectiva con la comida que le servían. La que no le gustaba mucho, no la rechazaba; pero se daba el lujo de comerlas solo cuando tenía mucha hambre, aquello que nunca rechazó, fueron los pedazos de pan que mi mano le ofrecía, por muy lleno que estuviera su estómago. Al parecer eran reminiscencias del cercano pasado, cuando compartíamos mi comida sentados en el rudo piso de piedra caliza de la cantera.

Al casarse mi hija mayor y mudarse de nuestra casa, cada momento que se mencionaba su nombre, Preciosa se desplazaba hasta el que había sido su cuarto para comprobar su ausencia y cuando nos visitaba daba saltos que me hacían recordar nuestro primer encuentro.

A medida que se iba envejeciendo, su carácter se hacía más reservado. Tenía la costumbre de echarse en las esquinas de las paredes mirando hacia ellas, dándole la espalda a todos, como si fuera un niño al cual se le ponía en penitencia en esa posición; pasando largos periodos de tiempo ensimismada hasta que la sacábamos de su abstracción con nuestros llamados.

Nuestro amor a través de los años se hacía más comprensivo, ya no era el ímpetu juvenil que mostraba a su arribo a nuestra casa, ni los fuertes jalones que daba a su correa cuando salíamos a pasear, ya su andar era acompasado y no tiraba delante de mí, sino que gustaba caminar al lado quedando la correa como vínculo entre los dos pero sin ninguna función restrictiva.

Seguía manteniendo la misma mirada tierna de los primeros tiempos, pero intuyendo con sólo mirarme los movimientos que yo habría de dar.

Se ha llegado a comprobar que los perros pueden llegar a almacenar de ciento cincuenta a doscientas palabras en su memoria, dándose el caso en algunas razas, que pueden llegar hasta doscientos cincuenta, como es el caso de los labradores y algunas clases de sheepers, quienes por su inteligencia son usados como ayuda a minusválidos o en combatir el crimen y el tráfico de estupefacientes. Se compara su inteligencia a la de un niño de tres años.

Poco le duraría la soledad a Preciosa, pues transcurridos más de un año, mi yerno vino con la historia de una perrita schipeerke, la cual en una tienda donde venden animales, un perro grande la había mordido en el hocico y como tenia la cicatriz no podrían venderla y tendrían que sacrificarla.

Nos dimos a la tarea de buscarle dueño pero al no aparecer alguno, terminó con carácter provisional, en la casa de mi hija quien ya era dueña de otros tres perros, un Shnausser, un Pomerania y una Chiguagua. Apareció al poco tiempo una persona quien estaba buscando una mascota canina para su hija y se trajo a Sombra «Como la había bautizado mi yerno» a nuestra casa como hogar de tránsito. Al no ponerse de acuerdo el matrimonio sobre la adopción de la perra «En verdad no sólo era eso sobre lo que no estaban de acuerdo, al poco tiempo terminaron divorciados», el animalito, que llegó con visa de turista a nuestro hogar, obtuvo la residencia permanente sin siquiera haber llenado la solicitud.

SOMBRA

Negra como noche oscura, ágil y silenciosa como pudiera serlo una sombra, eran las condiciones de esta nueva inquilina. Su raza se caracteriza por ser hábiles cazadores. Creada en la región de Flandes en Bélgica, los schipeerke se encargan de cuidar y mantener libre de roedores las embarcaciones fluviales que recorren los canales y ríos de Europa occidental y central.

Esta condición de hábil cazadora la unió firmemente a Preciosa, quien había probado sus dotes con anterioridad. No sin antes imponer el carácter de residente longeva y someter a Sombra a su liderazgo.

Esta no era la otra negra, mansa y dócil. Las locuras que se le ocurrían a este torbellino con patas, da para escribir un libro de ella sola. No había plantas ornamentales en la casa que no volcara tratando de atrapar las lagartijas que osaran elegirla como vivienda.

Hasta este momento nuestros animales notificaban su urgencia de salir para hacer sus necesidades, por medio de ladridos o arañando el cristal de la puerta, con su aviso le franqueábamos el paso al patio.

La nueva inquilina generalmente lo hacía si estábamos en la casa, pero cuando se quedaba sola, para mostrarnos su disgusto por el abandono, nos dejaba la muestra de su contrariedad frente a la puerta. Nos vimos en la necesidad de tener que usar un periódico o un magacín para enseñarle buenas costumbres, pues se caracterizaba por voluntariosa. No que le enseñáramos a leer con él, sino que lo enrollábamos y tomándola del collar le restregábamos el hocico en la muestra dejada, mientras que se le daba en las ancas con el periódico.

El golpe dado no les duele, sino el ruido producido es lo que los amedrenta. Siempre acompañado con la palabra "NO". Cuando sucedía esta anormalidad, Preciosa la regañaba con sus ladridos y la hacía salir con ella, pues el ruido de la corrección la alteraba.

Siendo ambas predispuestas a la caza pronto conformaron un maravilloso conjunto, manteniendo nuestro patio libre de visitantes. El método de caza que utilizaban como equipo era muy bien coordinado. Mientras Sombra se encaraba a la presa, llamando su atención con ladridos y gruñidos, Preciosa sigilosamente daba un rodeo hasta ponerse a su costado, saltando sorpresivamente sobre su cuello y sujetándola, hasta que la otra se unía a ella y la despachaban entre las dos.

No tengo que decir en las ocasiones que esto sucedió, que fueron como ocho veces, las protestas de mi esposa fueron enormes, recriminándome por no intervenir, pero eso que hacían ellas por instinto, era parte de la protección de nuestra casa, ellas asumían esa responsabilidad; así mismo, si hubiere sido una serpiente venenosa que abundan en esta parte donde vivimos, también la hubieran eliminado aún a riesgo de sus vidas, eso no lo dudo ni por un instante.

Hace algún tiempo, los periódicos dieron la noticia que en el estado de Arizona, un perro chiguagua de cinco libras se enfrentó a una serpiente de cascabel; la cual estaba amenazando a un niño de cuatro años que jugaba en el patio de la casa. En tan desigual combate el perrito recibió la mordida de la víbora, al interponerse entre el niño y sus ponzoñosos colmillos, pero a su vez logró matarla aún con el veneno en su cuerpo. La historia tuvo un feliz final, ya que lograron salvar al perrito con antídotos y pudo seguir desempeñando su deber que tan bien había cumplido. Así nos demuestran su valor frente al peligro nuestros amigos.

Hay una vieja broma entre los dueños de perros que dice, que cuando los Chiguaguas se den cuenta de su verdadero tamaño, van a morirse del disgusto, para ellos no existe lo que es la palabra temor. Ladran y amagan con atacar a otros perros que los superan en tamaño varias veces. Así de osados son.

Como dice el refrán:"A Rey muerto, rey puesto" Y con la nueva compañía, fue desapareciendo la tristeza causada por la ausencia de Blackie, siendo ahora Preciosa, la que tenía el derecho de antigüedad y el comando como líder.

Una amiga que conocía el origen de sombra y la forma como llegó a nuestra casa, nos habló del interés que tenia, una persona conocida de ella, en adoptar una mascota y el bien que eso podía resultar para ambas partes.

En esa casa tenía un niño con necesidades especiales que ocupaba casi totalmente el cuidado de los adultos que convivían con él y había problemas de conducta con otro niño, pues al no recibir la atención debida, se portaba mal para llamar la atención. El mismo siquiatra que lo evaluó, sugirió que le regalaran una mascota como uno de los remedios para cambiar su actitud.

Como sabemos del amor que nuestra amiga profesa por los perros y pensando que Sombra tendría el cariño único en un hogar donde fuese reina, accedimos que fuese traspasada la adopción. Garantizándonos que la atención y el cuido sería de la misma calidad como el que nosotros le dábamos.

Entregamos el animalito con sus vacunas al día y ya operada para que no pudiera tener descendencia. Considerando que es la mejor forma de tener a nuestras mascotas, evitándonos la reproducción excesiva y descontrolada de animales no deseados y los trastornos naturales que conlleva sus épocas de celo.

Preciosa volvió a sentir el mismo síndrome de soledad, esperando el regreso de Sombra. Dándose el caso, que en esta ocasión no tuvo que esperar mucho por su retorno, pues tristes circunstancias aceleraron los acontecimientos.

En pocas palabras. Cuál no sería nuestra indignación al enterarnos a las dos semanas, que

Sombra había escapado de esa casa, al dejarle la puerta abierta del patio. Esto era algo que a cualquiera en un descuido le pudiera pasar, pero esas personas no hicieron el mínimo intento por lanzarse en su búsqueda por los alrededores y se despreocuparon de su suerte.

Nuestra amiga común y mi esposa fueron hacia la zona donde sucedió el hecho y en su carro trataron de localizar a Sombra, sin resultado alguno, volviendo al lugar al otro día, diseminando letreros anunciando la pérdida y las características de la infortunada perra.

Pasaron tres días hasta que yo pude tener un día libre en mi trabajo. Habiéndole recomendado a los "responsables" del animal, que fueren al Departamento de Animal Control, para que comprobaran si había sido llevada allí y ante su indolencia, decidí ir por mi cuenta a indagar sobre el paradero de Sombra.

Cuando hice las gestiones pertinentes, me fue permitido entrar al local a ver si por casualidad había sido atrapada y llevada al centro, para lo cual se me facilitó una inspección ocular.

No sé si seria presentimiento o simplemente seguí aquello que la lógica prescribe para estos casos, pero en la segunda habitación llena de jaulas en la que penetré, encontré en el piso de una de ellas a Sombra, con su inconfundible cicatriz en el hocico, echada sobre el piso, con sus ojos tristes y con una enorme herida en su barriga, producto de la incapacidad de quienes querían extirparle para esterilizarla, aquello que hacía rato ella no tenia.

Cuando se le realizó su normal operación recibió dos puntos de sutura y ahora tenía un burdo costurón desde el pecho hasta casi la mitad de sus patas traseras.

Reconozco que quizás actué impulsivamente, pero al ver la mirada de Sombra y la grotesca costura, sin contar con nadie, abrí la puerta de la jaula, la saqué de ella y tomándola en brazos, velozmente como un bólido, ya estaba frente al escritorio del responsable administrativo de dicho departamento.

A duras penas podía contener mi enojo, cuando indagué: ¿Por qué, le habían hecho esa herida atroz? Al parecer los llamados técnicos de veterinaria que allí tenían, eran más animales que los encerrados en sus jaulas.

Al responderme que era el proceso normal de esterilización a que eran sometidas todas las perras que encontraban abandonadas. No pude dejar de decirle cuan anormales eran las personas que tenían allí, desarrollando esa función, pues alguien teniendo el mínimo de conocimiento, con solamente palpar al animal, se daba cuenta de la carencia de ovarios.

En verdad que ambos nos exaltamos y cruzamos palabras que sin ser groseras, llevaban intrínsecas nuestro desacuerdo con voces algo elevadas.

Al preguntarme si quería adoptar a la perra, acabó por sacarme de mis casillas.

_Yo no tengo que adoptar lo que es mío, fue mi respuesta.

Me cobraron la carnicería que hicieron y que ellos llamaron operación quirúrgica. Tuve que pagar las vacunas que ella ya tenía y todo lo que ellos quisieron. A lo cual accedí con tal de sacar de ese odioso lugar al animalito.

Que conste, fueron tantas las quejas recibidas por la mala forma que trabajaban, que al poco tiempo fueron removidos todos los responsables del departamento de Animal Control. Es inaudito que las personas que debieran proteger a los animales y que reciben un salario para ello, se dejen llevar por la indolencia, realizando un mal desempeño de sus labores. Esto es una plaga que contamina la mayoría de los organismos dirigidos por autoridades gubernamentales, donde la irresponsabilidad, es jefe supremo de todos los asuntos.

Tuve que salir directamente hacia la oficina de nuestro veterinario, porque la pobre perra no podía ni ladrar. Al entubarla para realizarle la operación le dañaron el esófago y las cuerdas vocales. Se contagió con una infección respiratoria que generalmente resulta mortal, por lo que tuvieron que ponerle antibióticos en vena y después tomar otros en pastillas por más de una semana.

En fin, se quedó ingresada por tres días en el hospital veterinario, llegó a casa sumamente débil, sin decir cuán desmejorado quedó también nuestro bolsillo, por el costo monetario en que se incurrió. Pero felices de poderla encontrar y rescatar.

Si adoptamos a una mascota, es un compromiso de por vida, si no estamos decididos a atenderlos como es debido, no los adoptemos. Requiere tiempo, dedicación, cuidado, pero sobre todo grandes dosis de amor y responsabilidad.

Vacunarlos, hacerle análisis, esterilizarlos, bañarlos y pelar aquellos que sus capas de pelos los ahogan en climas cálidos, son cuidados que asumimos en el momento que le damos entrada en nuestras vidas.

Ellos en retribución, nos darán cariño desinteresado y fidelidad, pero sobre todo un amor increíble, haciéndonos creer que somos los seres más importantes del mundo. Siendo ricos o teniendo nuestras arcas vacías, siendo de cualquier color y del estrato social que seamos. Nuestro perro no nos discriminará.

Cuando estemos agobiados por problemas se darán cuenta de ello y vendrán hacia nosotros poniendo sus patas delanteras sobre nuestras rodillas, mirándonos a los ojos nos proyectarán en su mirada la expresión que no pueden decir con su boca, "Yo estoy aquí, cuenta conmigo ". Aún cuando los que nos juraron amistad de por vida, nos abandonen.

No importa si tienes los pies sucios o limpios, si traes algo o si vienes con las manos vacías. Cada vez que entres por la puerta de tu casa, la alegría de tu perro se hace manifiesta. Saltando, moviendo la cola o buscando tu caricia. Ellos no tiene reloj para medir el tiempo que demoraste fuera, si fueron minutos u horas, el recibimiento es igual.

No importa si lo has regañado o si le has pegado para corregirlo, nunca te lo echará en cara y será capaz de lamer aquella mano con que le has golpeado para corregirlo. Casos hay entre los seres humanos, que por alguna palabra mal dicha o algún exabrupto, se llegan a terminar relaciones fraternales o filiales. Eso nunca sucederá con nuestro perro.

Cuanto traspasé el umbral de casa con Sombra en brazos, mis palabras fueron: "Sombra no sale más nunca de aquí." Algo que ya había sido decidido por el núcleo familiar el día anterior. Desde ese momento, obtuvo la ciudadanía permanente de nuestro hogar.

El malestar fue colectivo en mi hogar, al narrar todas las peripecias de la pobre perra y conocerse el abuso al que había sido sometida.

Preciosa al volver a encontrase con Sombra y reconocer el estado deprimente en que llegaba, después de los normales lengüetazos en el hocico, volvió a sus antiguos oficios de enfermera, estando atenta y echándose cerca de ella, ladrando para llamar la atención sobre Sombra, cuando ésta no podía hacerlo. Al pobre animal le costó más de un mes poder volver a ladrar.

En pocas semanas ya andaban ambas por el patio ladrando y corriendo   tras los gorriones y azulejos que nunca podían atrapar.

Ahora sabía que ninguna persona las separaría, aunque… nunca conté con lo imprevisto.

SASHA

Llegó a nuestra casa esta Chiguagua negra «tea Cup» de cuatro libras cabiendo en la palma de una mano, no sabiendo si se le podía llamar perro o más bien "un intento de perro".

Fue Elizabeth quien llamó a su madre, para comunicarle que había adoptado una perrita, esta es la manera como entramos en contacto con esta raza de perros.

_ ¿Tú estás loca? Recibió como respuesta a través del auricular, pues ya Ely tenía dos perros en su casa.

Esa misma tarde nuestra hija nos vino a visitar con Mimí, como había bautizado a la nueva integrante de su jauría, por estar ella ensayando la Opera "La Boheme" de Puccini, en la cual el personaje principal tiene ese nombre.

La forma en que llegó a sus manos fue así: mi yerno que es ducho en cibernética y fue a formatear una computadora donde un amigo, quien a su vez se dedica a criar perritos chiguaguas.

En ese momento, su amigo tenía una perra parida con una camada de tres; ni corto ni perezoso, él pidió como pago por su trabajo uno de los animalitos para llevárselo a Ely. ¡Sabía cuánto le gustaría ese regalo! La que llevo resulto ser Mimí.

Mi esposa siempre había querido tener un perrito pequeño y quien había hecho la pregunta ¿Estás Loca? Enloqueció al ver la perrita en manos de Ely. Quedando mi yerno comprometido en indagar el precio de los otros hermanos de Mimí.

Al visitar el día siguiente a su amigo, se encontró que el único macho había muerto a consecuencias del abandono de su madre, la restante estaba en tan mal estado de salud, que se creía no viviría para contarlo y por ende se la regalaron.

Desnutrida, malformada y sin fuerzas para ladrar, fue lo que vimos a su arribo a nuestra casa. Estaba tan lejos de lucir como un perro que más bien se parecía una rata.

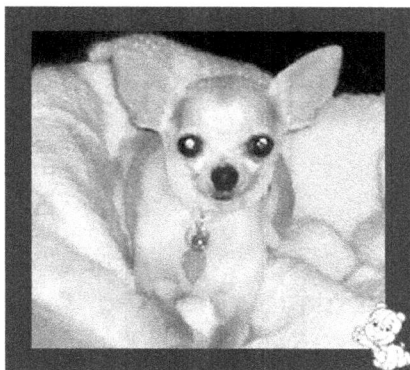

Parecía que nuestra misión era rescatar animales en desgracia, sabíamos ya el método, corrimos con ella para el veterinario.

La persona que estudia esta carrera tiene que sentir amor por los animales. Los mercenarios, aquellos que con ánimo de enriquecimiento ven en esta profesión un lucrativo negocio, están muy lejos de poder ejercer como se requiere que sea un buen médico veterinario.

Nosotros tuvimos suerte, después de haber tenido una mala experiencia con un carnicero que había equivocado el oficio, logramos descubrir a la Dra. Adriana, quien ha tenido a su cuidado todas nuestras mascotas desde hace más de veinte años. Sasha llegó a su consulta casi sin poder tenerse en sus paticas, ya próxima a expirar, su receta fue sencilla: Aliméntenla, que está muerta de hambre. Pero además nos recomendó un suplemento de vitaminas.

Llegar a casa y comenzó mi esposa a forzarle la alimentación, el animalito no tenía fuerzas ni para abrir la boca.

No tengo que decirles quien es la dueña de Sasha y quien es su mamá mal criadora. Aquella que la rescató de una muerte segura.

Sasha es la aristócrata de nuestra familia perruna, come cuando quiere, nadie la puede molestar en sus horas de reposo, con sus ladridos avisa cuando quiere retirarse a sus habitaciones, haciendo saber que no le gusta estar sola.

En ocasiones solicita que le den la comida de la mano y cuando se le va a agarrar sale corriendo, como haciéndose de rogar, para después cuando no se le presta atención, viene pidiendo que la carguen.

Mi protesta a mi esposa es: "Has creado un monstruo". Como si ese pedazo de carne con ojos saltones, orejitas paradas, paticas flacas y pesando cuatro libras fuera la señora de la casa.

Sus relaciones tanto con Preciosa como con Sombra son distantes, como si sus intereses no coincidieran, ella no participa de las correrías de las más viejas.

Los chiguaguas no son perros para niños pequeños, error que algunas personas cometen, al considerar que su tamaño es acorde con el de los niños. Son muy independientes y cascarrabias, no permiten ni siquiera a los perros de mayor tamaño incursionen en sus predios.

Defienden a quienes adoptan por dueños con un celo inigualable, aunque les vaya la vida en ello. No siendo un bocado para perros de mayor corpulencia. Les gruñen y amagan como si el que tuviera que solicitar clemencia fuera el grande y no ellos.

Gricel es la que generalmente prepara la comida de todas ellas. Las mayores comían cerca una de otra, respetándose su vasija, pero a Sasha hubo que separarla, pues como alguna de las decanas se le ocurriese moverse cerca de su plato, les enseñaba sus colmillos como alfileres.

Ni Preciosa, ni Sombra le prestaban atención, sabiendo que con sólo un empujón de sus hocicos, la harían dar vueltas como un trompo. La tomaban como un ser impertinente, que era mejor ignorar. Como una pulga que se soporta como parte del paisaje.

Sasha tenía su camita, que en algunas ocasiones Sombra por mortificar, le ocupaba. Sombra ha sido siempre, la más traviesa de todos nuestros animales. Es un espectáculo digno de verse, la exigencia de Sasha reclamando su lugar y la actitud de la otra, que indolentemente la mira, como queriéndole decir: Sácame de aquí, si puedes. Hasta que alguna de las dos se cansa y deja la discusión abandonada.

Preciosa se mantiene ajena a esos disturbios, su edad avanzada la hace buscar un lugar donde echarse cerca de mí, ya sea en el suelo o cuando se me queda mirando con sus bellos ojos, implorando un espacio a mi lado en el sillón reclinable, donde en ocasiones nos quedamos dormidos, uno al lado del otro.

Este ritmo se interrumpe cuando vienen a visitarnos mi hija con sus tres perros «locura». Los machos queriendo dejar su marca de orine, por lo que hacen la mayor parte del tiempo, la visita en el patio, la Mimí pidiendo galleticas de perros, parada en dos patas y unos a otros tratando de identificarse oliéndose bajo la cola.

El hecho de que los perros se huelan esa zona. No es como el viejo chiste cuenta: que fueron todos los perros a un baile, y para poder entrar al salón tenían que dejar su ano en depósito y así lo hicieron todos. Pero en medio del sarao, hubo una discusión que terminó en bronca. Al salir corriendo, en su prisa por escapar, recogieron el primer ano que encontraron a su alcance. Por eso desde ese día los perros se huelen a ver si encuentran el que verdaderamente es suyo.

La realidad es que en esa región bajo el ano, los perros tienen una glándula que cuando se les baña hay que apretársela, para vaciarla. Producen en ella, un almizcle que los identifica en sus heces y en su orine, ellos generalmente la activan con su lengua, pero en ocasiones se enquista, requiriendo de una operación quirúrgica, esto varía mucho de una raza a otra, algunas son más proclives a padecer de la obstrucción de esas glándulas.

Sasha sólo sale al patio cuando la hierba estaba acabada de cortar, orina y se acuesta a tomar baños de sol, pero bajo la atenta mirada de Gricel, pues no le gusta que la dejen sola.

A veces me pregunto si no se habrá equivocado de casa, ya que su actitud es como de alguien que viviera en una mansión y tuviera un personal a su disposición y servicio.

Como es tan pequeña acostumbro llevarla dentro de las playeras, entre la piel del pecho y el tejido, mostrando la cabeza y su patas delanteras afuera del cuello del polo shirt.

Mi visita al banco es habitual, donde hago pagos y el personal que allí trabaja, la espera para que les cante; lo cual hace nada más me escucha los primeros acordes de cualquier canción. Ya tiene hasta un club de admiradores en esos lugares. Ellos no me preguntan ¿Cómo estoy? Sino si he traído a Sasha. Ella y Mimí hacen un dúo que me motiva presentarla en televisión. Pues cantan mejor que algunos de los artistas profesionales, que han ganado los premios Gramys últimamente.

GRACIAS Y ADIÓS

Para mí una cosa bien importante
lo que para otros, pudiera ser tontería
saber que se agota a cada instante
la vida de quien es, la fiel amiga mía.

Mi querida amiga tiene cuatro patas
tiene hocico largo y cola muy corta
su compañía ha resultado tan grata
que su futura ausencia, mucho importa.

Cuando la traje aquel día a mi casa
librándola del hambre y ser abusada
me mostró amistad, que nunca pasa
dando cariño, sin demandar nunca nada.

Cuando un abuso se lleva a cabo
contra un pacífico y manso animal
me indigna, me aíra, me pongo bravo
pues refleja una conducta criminal.

...

...

Es tan absoluto su celo y humildad
como no la puede dar el ser humano
aceptando de recompensa a su fidelidad
simplemente, la caricia de mí mano.

Sin ladrar, quieta, sin hacer ruido
se encuentra echada, a mis pies tendida
y aunque esmerado ha sido el cuido
la enfermedad va arrancándole su vida.

Los ojos me dicen de su probada nobleza
los ágiles reflejos de ayer, hoy son historia
dejará tras de sí, el pesar y la tristeza
al recordar su correr en mi memoria.

Dedico a mi perra Preciosa este poema
que ha emprendido ese viaje sin regreso
su cariño y su amor me han dado el tema
para decirle gracias y adiós, tan solo eso.

DECLINACIÓN

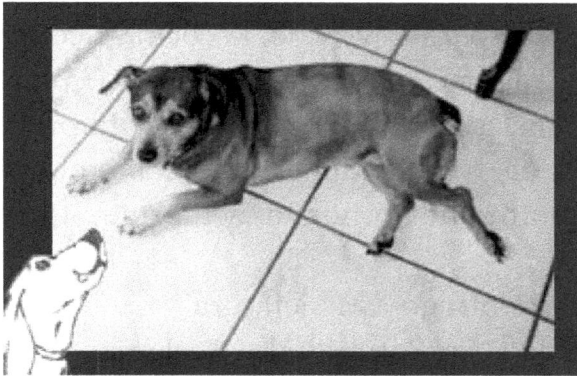

Preciosa perdía agilidad, aquella perra inquieta y veloz, ahora buscaba un tranquilo lugar donde echarse a descansar, sin que Sombra la molestara mucho con sus invitaciones a correr. Es sabido que la edad canina, sólo uno de sus años representa siete años humanos, por eso ya con trece años, ella tendría humanamente hablando, noventa y un años y se le notaba. No había nada más que mirar alrededor de su largo hocico, para ver que el color marrón claro que tenía cuando llegó, había sido sustituido por tonos grises. Los perros encanecen alrededor de su nariz como primera señal de vejez.

Acostumbraba acostarse en un sofá que estaba en mi estudio cerca de mi computadora personal, vigilante a cada movimiento que yo hiciera. Si me levantaba para ir al baño, la cocina a comer algo o tomar agua, ella abandonaba su privilegiada posición, me seguía y esperaba a la puerta hasta que salía, volviendo a ocupar su puesto en el momento que volvía a sentarme de nuevo a escribir.

Nunca entregó su jefatura. Cuando Sombra llegaba a nuestro lado reclamando caricias, Preciosa dejaba el lugar donde estuviera, para con su fría nariz quitarnos la mano de arriba de la cabeza de Sombra para ocupar su lugar, sin gruñir, solo con un movimiento que era claramente comprensible para todos. Cuando eso sucedía, era una simpática espera de parte de la más joven hasta que Preciosa retornara a su plaza, para ella volver a solicitar cariño.

Nunca he dicho porqué Preciosa recibió su nombre. Propiamente no había sido ese, el que yo había pensado para ella en el momento que nos conocimos.

Mi idea era llamarla Linda, pues así la encontraba yo, aunque otros la pudieran ver flaca y fea, pero Linda se llamaba la esposa del superintendente de la cantera, la cual trabajaba en el departamento de piezas de repuesto, de haberle puesto ese nombre, seguramente hubiera tenido un conflicto de intereses en mi trabajo. Por eso seleccioné un sinónimo, Preciosa.

Llegó a ponerse tan hermosa que la veterinaria me recomendó ponerla a dieta por estar sobrepeso.

Una mañana estando Preciosa echada sobre el sofá del Florida Room sentimos un aullido que nos sobresalto a todos los de la casa, nunca ella nos había sorprendido con nada parecido. Corrimos hacia la habitación, encontrándonos a Preciosa sobre el piso temblando y profiriendo un gemido lastimero.

Tratamos de levantarla, notando que cojeaba de su pata delantera izquierda. Nuestra primera idea fue pensar que ella había tratado de bajarse del sofá y se había dañado la pata al lanzarse de esa altura.

Comenzamos a acariciarla y cargándola, la colocamos en su lugar preferido en nuestro cuarto, observándola como se recuperaba y volvía a su normalidad. Pero después de tres horas se repitió el mismo aullido y en esta ocasión comprobamos que no había saltado, sino que acostada comenzó a temblar y a quejarse.

No esperé más y la llevé para el veterinario, pues aunque tenía la pata encogida, no parecía ser nada muscular ni de fractura.

Cuando recibí el diagnóstico quedé en una sola pieza, Preciosa había sufrido uno o varios infartos, su corazón le había fallado.

Yo que había sufrido en carne propia lo que esa palabra representa, podía entender perfectamente porqué del aullido emitido por mi amiga.

Tuve que dejarla en observación por unos días y en dependencia de su evolución la Dra. Nos dejaría saber.

Preciosa debía bajar de peso, para lo cual adquirí en la misma consulta veterinaria las latas de comida especial que se usa en estos casos y tomar pastillas para la insuficiencia cardiaca, que desde ese momento en adelante padecería como consecuencia de los infartos, incluyendo diuréticos para evitar acumulación de agua en sus pulmones.

Habiendo pasado por la amarga experiencia de Blackie, mi cara al volver a la casa solo, no podía reflejar nada bueno. Por lo que mi esposa con sobresalto inquirió rápidamente sobre la salud de nuestra amiga. No me fue fácil decirle, pues explicando la enfermedad de preciosa también estaba reflejando la mía propia. Estaba consciente que si yo había podido recuperarme de la insuficiencia cardiaca con un tratamiento apropiado, seguro que ella también podría hacerlo.

A los pocos días ya estaba de vuelta, pero nunca volvió a ser la misma. Caminaba lentamente y después de caminar un corto trecho buscaba donde reposar.

Un animal que siempre avisaba cuando quería salir al patio para hacer sus necesidades fisiológicas, comenzó a orinarse en el piso sin poder avisar, como consecuencia de las pastillas diuréticas. Tal era su sentido de responsabilidad, que cuando eso sucedía comenzaba a temblar pensando que pudiera acarrearle algún regaño; estando muy lejos de nuestras mentes el reprenderla, por el contrario, le hablábamos con voz dulce y la acariciábamos hasta que dejaba de temblar.

Pudo bajar de peso y por las tardes la hacía caminar lentamente por frente de la casa, sabiendo ambos que la inactividad acarrearía males mayores.

Su propia debilidad la obligaba buscar más nuestra compañía y nosotros ni cortos ni perezosos, no perdíamos la oportunidad con nuestro trato, haciéndole sentir lo que ella representaba para nosotros.

Comenzó a hacer retención de líquidos por lo que tuvo que visitar la consulta del veterinario de nuevo, aumentándole las dosis de diuréticos

Su mirada perdía brillo, nunca como ahora estaba tan cerca de mis pies, parecía como si al sentirse cada día más débil, buscaba en mi cercanía las fuerzas que sentía se le escapaban. En ocasiones me tiraba en el piso a su lado y ponía mi cara sobre su pecho y le hablaba suavemente, sintiendo lo desacompasado del su ritmo cardiaco.

No me da pena decir que mostraba de esa forma mi afecto y cariño con alguien que amaba. Años antes había perdido a mi padre y aprendí que no se puede perder la oportunidad de manifestarle a aquel ser que amamos nuestro cariño en todo tiempo, pero mucho más en los momento que estamos consientes serán los últimos.

Como la carrera de mi hija mayor la obliga a viajar con frecuencia, era normal que sus perros se pasaran periodos de tiempo vacacionando por nuestra morada, mientras ella cumplía sus compromisos laborales. Llegándose a reunir en ocasiones toda la familia perruna, cosa que no ofrecía grandes problemas ya que los perros de ambas casas se llevaban bien y al disponer de amplia terraza disfrutaban a sus anchas.

En este momento los que teníamos que viajar éramos mi esposa y yo, como nuestra hija menor estaba terminando sus estudios de enfermera y llegaba tarde a la casa, nos pusimos de acuerdo para dejar a Preciosa al cuidado de Elizabeth.

Como su condición era delicada preferimos estar todo el tiempo con ella y dejarla camino del aeropuerto al cuidado de nuestra hija, quien estaba al tanto del horario de sus medicinas. Sabíamos que no podía quedar en mejores manos. Elizabeth es lo que se dice en idioma de Cervantes, un amante de los animales, o en nuestro argot, "perrera"

Después de cargar las maletas en nuestro vehículo, llevé a Preciosa en brazos hasta depositarla en el espacio abierto que queda entre los dos asientos delanteros de nuestro Van, quedando en medio de nosotros dos, la fuimos acariciando durante todo el momento que duró el viaje, mientras ella yacía sobre la alfombra .

Su instinto le avisaba que algo anormal sucedía y en ocasiones tanto la mano de Gricel, como la mía, recibían la fría caricia de su lengua mientras la tocábamos.

Llegando a casa de nuestra hija y puse a Preciosa en sus brazos, entregándole sus medicinas y recalcándole que la cuidara, algo que resultaba innecesario, aunque somos reiterativos en lo que respecta al cuidado de un ser querido.

Tomé su cabeza en mis manos y mirando sus ojos color miel, aquellos que cuando los miré por primera vez, me hicieron amarla, ahora sin su antiguo brillo, pero manteniendo la misma dulzura; la besé en su cabeza en señal de despedida.

Se nos quedó mirando cuando abordamos el vehículo y todavía en los brazos de mi hija nos seguía con la vista, hasta que doblamos al final de la calle y dejamos de verla.

Desde los lugares donde viajamos llamamos para saber de nuestros familiares, y desde luego que ella era uno de nuestros familiares, por la cual específicamente preguntábamos. Recibiendo respuesta positiva de su estado de salud.

Dos días antes de regresar, a través de una llamada, coordinamos el horario de nuestro arribo y la forma en la cual nos recogerían en el aeropuerto.

Al llegar de nuestro viaje y hacer la comunicación con Elizabeth, al reconocer nuestras voces su respuesta fue el llanto, dejándonos desconcertados. Cuando con voz entrecortada nos comunico entre sollozos. Preciosa murió. Al escuchar esas palabras, nuestros ojos se llenaron de lágrimas.

No era la primera vez que llorábamos por la ausencia de una amiga, ya antes había pasado con Blackie, pero las circunstancias fueron distintas. Al recogernos del aeropuerto nuestra hija nos contó cómo habían sucedido los hechos.

Todo se había mantenido normal, teniendo en cuenta su estado de salud, hasta el día antes de nuestro arribo, cuando sintieron un aullido emitido por Preciosa. Ely corrió a socorrerla, encontrándola en el piso del comedor temblando, cuando se sentó sobre el piso y descanso la cabeza de Preciosa sobre sus piernas avariciándola, le preguntó "qué te pasa ". Ella fue perdiendo su mirada, cerrando sus ojos y quedando quieta para siempre.

No obstante saber que Preciosa nos había abandonado, la llevaron a la consulta del veterinario, donde meses antes me había vaticinado, que la repetición de otro infarto seria su final. Allí certificaron su defunción, e hicieron los arreglos para su incineración.

Papi, si ella hubiera esperado un día más, la hubieras visto viva, repetía Elizabeth. Sabía del cariño que nos habíamos profesado, desde el primer día cuando la defendí del abuso que era objeto y desde ahí se entrelazaron nuestras vidas.

Parecía una retribución el que Blackie cuya dueña era Elizabeth, muriera en los brazos de Gricel al estar ella viajando y ahora Preciosa moría en su regazo.

DESPEDIDA

Una semana después, al caer la tarde, en ese patio que había sido su dominio desde el momento que llego a nuestra casa. Escave un pequeño hueco, en una esquina donde deposité las cenizas de Preciosa. Estando tan solos Sombra y yo en ese privado momento. Entendí que era el mejor lugar donde podían descansar sus restos. Cubrí la pequeña caja y coloque un bebedero para aves sobre la tierra removida. Donde los pájaros que ella perseguía sin poderlos alcanzar, vendrían a saludarla todas las mañanas, en este, que seguiría siendo su reino, aunque ella no estuviera.

No dije, sentidas palabras rimbombantes en nuestro último encuentro con los restos de ella, fue solo un entrecortado "Adiós" mientras las lágrimas me corrían por las mejillas. Doblé una de mis rodillas y mientras con mi mano izquierda acariciaba a Sombra, sentada a mi lado; di gracias a Dios, por haberme dejado saber a través de la compañía de mi amiga, del privilegio que tenemos los seres humanos, de poder disfrutar del amor de esos seres incondicionales, llamados perros. Eso es y siempre será una bendición.

Adiós Preciosa.

EPÍLOGO

No quise escribir una apología en defensa de los animales y sin embargo estos escritos lo son. No quise tocar el endurecido corazón de los seres humanos, pero si alguno de ellos después de leer este libro se sensibiliza a favor de la defensa de animales, me doy por complacido.

Estoy consciente que el mejor homenaje que puedo hacerle a Preciosa no es una tarja con su nombre, ni siquiera la dedicación de este libro, sino la lucha denodada contra el abuso hacía los animales.

Mientras escribía llegaban noticias que me hacían dudar de la inteligencia y la capacidad de los hombres a sentir amor.

Tanto en Perú como en Bolivia soldados toman a perros vivos como blanco para sus ejercicios de tiro.

En las Islas Seychelles usan como carnada para atrapar tiburones, perros y gatos vivos, a los cuales atraviesan con anzuelos para lograr su propósito.

En Bolivia los llamados Ponchos rojos, degüellan perros como forma de amedrentar adversarios políticos.

En nombre del arte, un llamado "Pintor" deja morir a un perro de hambre al mantenerlo amarrado teniendo a su vista, pero no a su alcance, un plato con comida. Nada justifica esa crueldad.

Otro expositor decora su galería con pieles de perros sacrificados con ese fin.

El negocio de las peleas de perros florece en los países llamados civilizados envolviendo a veces personas que cuentan con posiciones importantes en el mundo del deporte o la economía.

Esa bestial costumbre, donde el vencedor queda tan destrozado como el vencido, aquel perdedor que no es muerto en la arena, es llevado afuera y muerto de un disparo; pues los criadores no pueden perder su tiempo y dinero en animales que nos les garantizan victorias. Eliminando también su prole.

Cuando se usa la expresión animales salvajes, me pregunto ¿La aplican a los de cuatro patas o a los bípedos que dicen tener cerebro?

No dudo que mientras más se insensibiliza el ser humano con los animales, llegará el momento que para el deleite de algunos, volverán los circos y sus peleas de gladiadores.

No podremos quejarnos de la violencia en nuestras escuelas si incentivamos en las futuras generaciones la insensibilidad hacia la vida.

Los animales, así como nuestros hijos, son nuestra responsabilidad dependen de nuestras acciones y patrones de comportamientos. Cada vez que podemos rescatar a uno del abuso, tan sólo uno, nos vamos a sentir mucho mejor con Dios, quien nos dio la facultad de administrar este mundo como un privilegio «Aunque en verdad lo hacemos bastante mal» y con nosotros mismos.

Otra perra ha venido a integrar mi familia haciéndole compañía a Sombra y a Sasha, otra chiguagua Tea cup.

BAYLY

Bayly de color beige, cinco libras, quien parecía más una caricatura de perro. Los criadores al tratar de lograr animales pequeños hacen cruces consanguíneos produciendo en ocasiones taras congénitas. Este era el caso de Bayly, con un defecto en sus patas traseras, deformadas desde sus caderas y arqueadas hacia dentro, la lengua siempre afuera. La encontró un amigo nuestro, arrojada en la calle, llena de pulgas, hambrienta, con su boca podrida e infestada y su columna vertebral marcándole todas sus vertebras en el lomo.

Ella fue adoptada por Judith, nuestra hija menor, quien pagó el costo de sus operaciones para corregir sus anomalías, las cuales sobrepasaron los miles de dólares. Su instinto le hace estar agradecida con ella y no permite que nadie la toque, siendo sobre protectora con quien la ha convertido en una perrita adorable.

No hay que invertir grandes sumas en animales de caros pedigríes, si podemos rescatar animales ansiosos de dar cariño y compañía.

La soledad y el stress son las enfermedades comunes de nuestra sociedad, siendo una mascota la receta recomendada por la mayoría de los psiquiatras.

Olvidar el cariño de Preciosa no me es posible. Los años pasan, el cuerpo se acaba, los recuerdos permanecen y el amor es eterno.

No tenemos que esperar a llegar al paraíso para estar rodeados de amor.

DECÁLOGO DEL PERRO

Copiado de una comunicación por internet.

1.- No te enfades conmigo por mucho tiempo, ya que mi vida solo dura más o menos de 10 a 15 años.

2.- Dame cariño y afecto, que lo necesito más que nada. Y dame tiempo para averiguar qué quieres de mí.

3.- Tú tienes tu trabajo, tus amigos, te entretienes y yo solo te tengo a ti.

4.- Háblame, aunque no entienda tus palabras, entiendo el tono de tu voz cuando me hablas. Se consiente en tu forma de tratarme puesto que nunca la olvidaré.

5.- Antes de golpearme o lastimarme, recuerda que puedo lastimarte con un mordisco pero no lo hago porque te quiero y nunca te haría daño.

6.- Antes de regañarme por ser perezoso y desobediente, pregúntate si algo me molesta, tal vez no me estas alimentando correctamente, he estado mucho tiempo bajo el sol o mi corazón está envejeciendo o debilitándose.

7.- No me dejes nunca en la calle: no quiero morir en la perrera municipal ni bajo las ruedas de un auto; cierra tu propiedad con una buena reja y no dejes abierta la puerta «acuérdate que también hay ladrones».

8.- Por favor cuídame cuando envejezca ya que tú también envejecerás algún día.

9.- No me abandones jamás: sé tan leal conmigo como yo lo soy contigo; si algún motivo insuperable te obliga a separarte de mí, prefiero que me des en adopción antes de echarme a la calle.

10.- En mi último viaje no me dejes solo, quédate conmigo y nunca digas que no soportas mirarme. No me dejes enfrentar esto sin ti. Todo es más fácil para mí si tu estas a mi lado porque siempre te amaré.

Un perro no busca grandes coches
Ni casas lujosas o ropa de diseñadores
Con agua y comida estará bien
No les importa si eres pobre o rico
Listo o tonto
Inteligente o estúpido
Dale tu corazón y el te dará el suyo.

FIN

www.ingramcontent.com/pod-product-compliance
Lightning Source LLC
Chambersburg PA
CBHW071618040426
42452CB00009B/1385